LA VIE

DE

SAINTE-ADILE

LA VIE

DE

SAINTE ADILE

VIERGE ET ABBESSE

AVEC

LES RÈGLES ET INDULGENCES PLÉNIÈRES

DE LA CONFRÉRIE

Erigée à l'honneur de la même sainte dans l'église parois-siale de CHATEAU-L'ABBAYE *lez-Mortagne ; approuvée par notre Saint Père le Pape* ALEXANDRE VII *; et reconnue par nos seigneurs les vicaires-gé-néraux du siége épiscopal d'Arras.*

A SAINT-AMAND

de l'Imprimerie de E. RAVIART, Grand'Rue.

—

1860

PRÉFACE

Quoique la foi nous enseigne que Dieu est partout, qu'il connaît nos plus secrètes pensées, et qu'ainsi ses véritables adorateurs peuvent partout lui demander des grâces, il y a pourtant des lieux qui sont comme privilégiés, où il semble que la Majesté Divine soit plus accessible et sa bonté plus libérale. Qui peut, dit saint Augustin, savoir pourquoi Dieu se plaît à faire plusieurs miracles en certains lieux plutôt qu'en d'autres? Le même saint assure qu'il s'en faisait beaucoup sur le tombeau de saint Félix, prêtre de Nole, où les chrétiens venaient de toutes parts pour y recevoir des grâces que Dieu y distribuait abondamment.

Tels ont été aussi les lieux sacrés de Jérusalem sanctifiés par la présence de Jésus-Christ; le tombeau de saint Pierre et de saint Paul à Rome, et plusieurs autres.

Tous ces exemples aussi bien que l'autorité de saint Augustin, de saint Jérôme, de saint Léon, de saint Grégoire et des autres saints Pères font voir que le

3

élerinages que font les fidèles à Sainte Adile, n'ont ien qui ne soit dans toutes les règles et approuvé par 'usage constant de l'Eglise. La dévotion que les chrétiens es villes et cantons circonvoisins de Château-l'Abbaye nt à cette grande Sainte, est encore autorisée par le rand nombre des bienfaits qu'ils ont obtenus de Dieu n leurs infirmités et douleurs des yeux par l'intercession e sa bienheureuse Servante, dont les Saintes Reliques ont honorées en l'église paroissiale dudit Château-l'Abaye, où la confrérie est canoniquement érigée.

C'est ce qui m'a engagé à rapporter ici la vie de cette ainte, afin de contenter la piété de plusieurs personnes t de ranimer la ferveur des confrères et consœurs; ar pourrait-on, sans se le reprocher, laisser éteindre ne dévotion si ancienne et si saintement établie ? Ne erait-ce pas fouler aux pieds un trésor si utile aux viants et aux trépassés que de négliger tant d'indulgences ont cette confrérie est enrichie.

Fasse donc le Ciel, Messieurs, que vous puissiez marher sur les traces de la bienheureuse Adile, et que lui yant donné des marques sincères de votre fidélité et de otre zèle ici-bas, vous participiez à la gloire qu'elle ossède dans le Ciel.

AINSI SOIT-IL !

LA VIE

DE

SAINTE ADILE

VIERGE ET ABBESSE

La sainteté est la première noblesse et la seule véritable grandeur : ce serait faire tort à la mémoire des Saints de leur en chercher aucune autre. Ne pensez donc pas M., que ce soit pour augmenter la gloire d'Adille, si je vous parle de sa noble extraction. Athique, son père, était duc d'Allemagne et d'Alsace, homme juste, droit, sincère, libéral, véritablement chrétien. Berhesinde, mère de notre Sainte, égalait par son mérite et par sa naissance les grandes qualités du duc, son époux, de manière que rien ne manquait à leur félicité que de voir naître de leur mariage un héritier de leur piété et de leur fortune. Ils prirent dans cette occasion le parti de recouri aux prières, aux vœux, aux jeûnes, aux aumônes et aux larmes ; ils répandirent leur cœur devant Dieu et le forcèrent enfin, pour ainsi dire, par leurs gémissements et par leurs instances à exhaucer leur demande. Berhesinde cessa d'être stérile et l'on vit bientôt des marques d'une heureuse fécondité. Le duc se crut alors au comble de ses vœux et il attendait avec impatience l'heureux moment de la naissance de l'enfant. Il vint, ce moment tant désiré, mais il vint trop tôt pour le repos d'Athique ; il s'était flatté d'avoir un fils et Dieu ne lui donna qu'une fille aveugle, environ l'an de grâce six cent cinquante-sept. Ce fut pour lors que sa joie changea en une tristesse profonde, son espérance en désespoir, et l'amour qu'il avait conçu pour cet enfant à venir, dégénéra en fureur.

En vain la triste Berhesinde, plus affligée des mouvements violents de son époux que du malheur de sa fille, quoiqu'elle en fut sensiblement touchée, rappelait ses forces et son courage pour calmer le duc ; tout ce qu'elle put obtenir de lui, fut que l'on transporterait cet enfant dans un lieu inconnu, en lui laissant la vie.

Enfin le parti fut pris de confier en secret sa petite aveugle à une femme qui avait été autrefois à la cour auprès d'elle et à qui elle avait fait assez de bien pour compter sur sa fidélité. Elle lui mit donc l'enfant entre les mains, la nourrice se retira dans l'endroit où elle faisait sa demeure et elle commença à y élever l'enfant selon les instructions qu'elle avait reçues de la duchesse.

Quelque soin qu'on eut pris de cacher la naissance de l'enfant aux peuples du pays, et encore plus le lieu où sa nourrice l'élevait en secret, afin d'ôter au duc tout sujet de tristesse et d'indignation, peu s'en fallut que le temps, qui révèle tout, ne le découvrit. Un an s'était à peine écoulé, que le bruit se répandit dans toute la province que l'on élevait proche de Schelstat une petite aveugle, dont on s'obstinait à cacher les parents, que son air et les ménagements qu'on avait pour elle faisaient assez voir qu'elle appartenait à des personnes de la première qualité.

La nourrice, qui était attentive à tout ce qu'on disait de la petite aveugle, donna promptement avis à Berhesinde de tous les discours que l'on commençait à tenir.

La duchesse craignant que ces bruits ne vinssent à la connaissance du duc et ne fissent renaître ses emportements, donna ses ordres à la nourrice de se transporter en Bourgogne, au Monastère de Baume, pour continuer à y nourrir l'enfant.

Ce lieu était convenable, non seulement parce qu'il était éloigné, mais encore parce que l'abbesse était la tante de la duchesse Berhesinde ; aussi reçut-elle sa petite nièce avec joie et en prit tous les soins qu'une mère aurait pu prendre de sa propre fille.

Ce fut dans cette sainte maison que la petite princesse trouva un asile assuré, et qu'elle suça la piété avec le lait ; elle n'apprit pas plutôt à former des paroles en bégayant qu'elle apprit à n'en prononcer que de saintes et à ne parler que de Dieu. Ce fut là, qu'éloignée du monde et de toute occasion dangereuse, elle puisa de bonne heure, comme dans des sources vives, les plus pures maximes du christianisme. Cependant, chose étonnante, elle avait déjà atteint l'âge de douze à quinze ans, sans qu'elle eût eu le bonheur de recevoir le saint baptême. On ne sait à quoi attribuer la cause de ce retardement : soit qu'on eut songé dans les troubles de sa naissance qu'à lui assurer la vie du corps sans penser à celle de l'ame, qui est la plus nécessaire ; soit qu'en ce temps-là, la coutume fut encore de différer le baptême des enfants (hors le danger et la nécessité) jusqu'à ce qu'ils eussent atteint l'âge de raison.

Il est certain que ce fut par une permission toute particulière de Dieu, qui avait arrêté dans ses conseils éternels qu'elle entrerait dans la voie des élus par une porte miraculeuse. En effet, le bienheureux Erhard, évêque de Ratisbonne, étant un jour dans un transport extatique, Dieu lui fit connaître que dans le monastère de Baume il y avait une jeune fille aveugle depuis sa naissance ; il lui ordonna de s'y rendre, de la baptiser et de lui donner le nom d'Adile, l'assurant qu'incontinent après le baptême, elle recouvrirait la vue.

Saint Erhard, accompagné de Saint Hidulphe, son frère, partit sans différer pour exécuter l'ordre qu'il avait reçu du ciel. Ils arrivèrent à Baume, où ayant trouvé la jeune aveugle, ils versèrent l'un et l'autre des larmes de joie, levant les yeux et les mains au ciel.

Ils examinèrent la catéchumène, l'ayant trouvée parfaitement instruite de tous les mystères de notre sainte religion, Saint Erhard commença la cérémonie : il plongea l'aveugle (selon la coutume de ce temps-là) dans les eaux du saint baptême, Saint Hidulphe la releva. Le saint évêque de Ra-

isbonne faisant les onctions du Saint Chrême sur
les yeux : « Au nom de Jésus-Christ, lui dit-il,
» soyez désormais éclairée des yeux, du corps et
» de l'esprit. »

Tout le monde était dans l'attente du prodige ;
ce ne fut pas en vain : le ciel obéit à la voix du
saint homme. Par la vertu admirable du Tout-
Puissant, les yeux de cette aveugle s'ouvrirent,
et elle commença à jouir de la vue. Pendant ces
heureux moments, Sainte Adile sanctifiait ses
premiers regards ayant les yeux toujours élevés
au ciel. Aussitôt qu'elle eut reçu le saint baptême,
elle marcha à grands pas dans le chemin de la
perfection.

Quoiqu'elle n'eût pris aucun engagement dans
la religion, cependant elle en suivait ponctuelle-
ment la règle et voulait accomplir jusqu'aux moin-
dres devoirs.

Athique ayant appris de Saint Hidulphe que sa
fille voyait, il en témoigna beaucoup de joie. Il
était naturel, ce semble, qu'il la fit revenir chez
lui ; cependant il ne la rappela pas ; soit qu'il
craignit que la présence de cette fille miraculeuse
ne lui fit un reproche continuel des duretés qu'il
avait eues pour elle ; soit qu'il crut qu'il ferait

mieux de la laisser encore à Baume auprès de sa
tante, afin de lui donner le loisir de croître et de
se fortifier dans la vertu.

Il n'aurait pas balancé sans doute à la rappro-
cher, si Dieu ne lui avait pas donné d'autres enfants, mais comme il ne l'avait affligé que pour
exercer sa vertu et celle de la pieuse Berhesinde,
il versa dans la suite sur eux l'abondance de ses
bénédictions : au lieu d'un héritier qu'ils dési-
raient, il leur en avait accordé quatre avec une
fille.

Parmi les quatre fils du duc Athique, le comte
Hugues était celui qui promettait davantage. C'é-
tait un des beaux princes de son siècle ; sa naissance était la moindre de ses qualités, il était
plein d'esprit, de cœur et de générosité.

Sur ce que Sainte Adile en avait ouï raconter,
elle écrivit à son frère des lettres pleines de tendresse : le jeune comte fut sensible à l'amitié de
sa sœur, il entra aussitôt avec elle dans un com-
merce pieux et innocent : et ses lettres, quelques
sérieuses qu'elles fussent, bien loin de lui dé-
plaire, redoublèrent son affection pour elle, ce
que Sainte Adile ayant reconnu, elle le supplia
de fléchir l'esprit du duc, son père, et de ména-
ger auprès de lui son retour à Hohembourg.

Hugues prit sur lui cette commission, et trouvant un moment favorable, il sut en profiter : il pria instamment son père de rappeler sa sœur Adile ; il s'étendit sur ses louanges, mais Athique lui fit entendre qu'il avait ses raisons pour la laisser à Baume. Le jeune prince, chagrin de n'avoir pas réussi, voulut se faire justice lui-même et rappela Sainte Adile de sa propre autorité, fortement persuadé que la seule présence de sa sœur justifierait son entreprise aux yeux du duc, et ne lui attirerait tout au plus que quelques jours de froideur.

Sainte Adile crut son frère de bonne foi et se flatta qu'il avait obtenu le consentement de ses parents. Elle partit donc de Baume et fit tout le voyage aussi recueillie que si elle eut encore été retirée dans le monastère, et ayant ainsi traversé deux provinces, elle arriva heureusement sous la protection de son divin époux, au pied de la montagne où le duc son père avait fait établir le château d'Hohembourg.

Athique se promenait à cette heure-là même, et s'entretenait familièrement avec ses enfants ; mais tandis qu'il faisait ses leçons de conduite à ses fils, il découvrit confusément une troupe qui avançait sur la pente de la montagne, et demanda ce qu'ils pensaient que c'était.

Le comte Hugues qui avait sur ce point des connaissances particulières, reconnaissant d'abord ce que c'était, répondit avec un transport de joie à son père, que c'était sa sœur Adile : « C'est votre sœur, reprit Athique ; qui est celui qui a été si hardi de la rappeler sans ma permission ? — C'est moi, répartit le comte, impatient de la voir, je lui ai mandé contre vos intentions qu'elle pouvait revenir sans craindre ; excusez ma témérité. »

Le jeune Hugues avait compté extrêmement sur la tendresse que son père avait pour lui, et s'était flatté qu'il en serait quitte pour essuyer quelques discours un peu durs ; mais il fut bien trompé, le duc se livra d'abord aux premiers mouvements de la colère et frappa le jeune comte si rudement, qu'il en demeura évanoui durant quelques temps, mais il n'en mourut pas.

Sainte Adile étant arrivée à la cîme de la montagne et apercevant le duc, son père, accompagné de ses frères, se jeta à ses pieds, lui baisant la main, elle lui témoigna qu'elle était cette Adile, sa fille, qui étant née aveugle par la permission de Dieu, jouissait à présent par sa miséricorde de la clarté du jour.

Le souvenir du miracle que Dieu avait fait en sa faveur, et la nature faisant renaître la tendresse dont le cœur d'un père à la vue de son enfant peut être capable, il l'embrassa et la reçut avec joie; ses frères en firent de même chacun à son tour. Aussitôt que la duchesse fut avertie du retour de sa fille, elle ne put modérer les transports de son cœur : elle courut à elle avec Roswinde, sa sœur, baisa ses yeux miraculeux, reconnaissant en elle les merveilles de la Toute-Puissance.

Les premiers soins de Sainte Adille, en entrant dans le château de son père, furent de remercier Dieu de l'heureux succès de son voyage et de la manière dont elle avait été reçue par le duc et la duchesse.

La vie qu'elle mena à la cour fut un exemple de vertu : chacun était extrêmement édifié de voir une jeune princesse ornée de tant de belles qualités, mépriser tout ce que le monde adore, et se consacrer toute entière au service de Dieu.

Sa vie était une prière presque continuelle: on ne pouvait la retirer des autels sans lui faire une extrême violence : elle charmait ses frères par sa religion. Sa sœur Roswinde, à son exemple, renonça à toutes les vanités du siècle pour embrasser la croix de Jésus-Christ et mener une vie sainte et austère : les domestiques du duc son père ne savaient assez admirer sa modestie, sa libéralité et sa douceur.

Mais comme Adile ne pouvait souffrir les flatteries de la cour, les respects et les ménagements qu'on avait pour elle lui étaient à charge : les assiduités qu'on lui rendait, dérobaient une partie des précieux moments qu'elle voulait consacrer à Dieu : la vie tumultueuse de la cour convenait peu à la vie régulière et retirée dont elle avait toujours conservé l'idée depuis son retour du monastère de Baume.

C'est pourquoi elle proposa au duc, son père, le dessein qu'elle avait de quitter le palais et de retourner à l'abbaye de sa tante pour y continuer la vie austère et pénitente que Dieu exigeait d'elle, et dont elle avait déjà commencé à goûter les douceurs.

Mais quelques instances qu'elle fit, quelques larmes qu'elle versa, jamais elle ne put obtenir la permission de s'en retourner. Le duc lui imposa silence et voulut qu'elle restât à sa cour.

Pendant le séjour qu'elle y fit, le bruit se répandit dans toutes les cours que l'heureux Athique

9

avait inopinément recouvré un trésor qu'on ne pouvait assez estimer. Les éloges qu'on en faisait parurent si outrés à quelques personnes de marque, que sous prétexte de complimenter le duc sur son bonheur, elles vinrent tout exprès pour s'éclaircir de la vérité, laquelle après avoir été reconnue, porta plusieurs princes à rechercher Sainte Adile en mariage.

Mais cette princesse s'apercevant que ses parents la voulait marier, et sachant qu'on prenait des mesures pour contraindre sa liberté, elle s'échappa adroitement de la maison de son père en habits de pauvre, passa le Rhin dans une barque, résolue de s'éloigner pour jamais de la cour de son père.

Comme elle avait accoutumé de donner tous les jours plusieurs heures à la prière et à la lecture des livres saints, on ne s'aperçut pas sitôt de de sa fuite : mais quand le duc l'eut apprise, il en fut si vivement touché, qu'il ordonna sur le champ aux princes, ses enfants, qu'ils se partageassent et qu'ils prissent différentes routes pour la suivre ; mais tous leurs soins furent envain, elle avait pris une route qui leur était inconnue.

Athique, affligé du départ de sa fille, fit publier

par toutes les terres de son obéissance un édit dans lequel il engageait sa parole de prince, que si elle voulait revenir dans son palais, il lui laisserait une entière liberté de suivre les mouvements de son zèle et la manière de vie que Dieu lui inspirait.

Cet édit eut son effet, car la Sainte Fille ayant appris les offres avantageuses que son père lui faisait, elle retourna à son château, elle lui ouvrit son cœur et lui proposa avec confiance le dessein que Dieu lui inspirait d'établir en Alsace une communauté de filles qui pratiquassent à la lettre les préceptes et les conseils évangéliques et qui menassent sur la terre une vie toute céleste.

Le duc qui avait un grand fond de christianisme et un grand désir de procurer la gloire de Dieu, écouta avec joie la proposition de sa sainte fille ; il lui promit de seconder ses intentions, et ajoutant les effets aux promesses, il lui céda libéralement le château d'Hohembourg avec ses revenus, ses terres et ses dépendances.

Ce château ayant été cédé à Sainte Adile dans toutes les formes, on commença à renverser tout ce qui ne pouvait servir aux usages d'une maison religieuse et à y bâtir des cellules et d'autres appartements nécessaires pour une communauté nombreuse.

Le public ayant été informé du dessein de Ste Adile, pendant qu'on disposait les édifices, on compta jusqu'à cent trente filles de qualité, lesquelles abandonnant leurs parents, vinrent se ranger sous sa conduite et faire leur apprentissage sous une maîtresse si célèbre et si savante dans la science du salut.

On ne voit rien d'assuré ni de positif touchant la règle que Sainte Adile donna à ses filles, les auteurs étant partagés sur ce point; mais il importe peu à la sainteté de cette bienheureuse abbesse quel habit elle ait porté, ni quelle règle elle ait observée.

Il suffit de dire à sa gloire, qu'animée de l'esprit de Dieu, elle ne se contentait pas d'enseigner à ses filles les maximes intérieures de la vie spirituelle par ses discours ; elle les excitait bien plus par ses exemples, qui sont toujours la manière d'instruire la plus courte et la plus efficace.

Elle était comme l'âme et le modèle de sa communauté, par ses austérités, par ses humiliations et par les charmes de sa douceur: sa charité envers les pauvres était presque sans borne.

La pieuse abbesse voyant que plusieurs misérables étaient privés de secours à cause que leurs incommodités et leurs maladies ne leur permettaient pas de pouvoir monter jusqu'au monastère qui était situé sur le haut de la montagne, elle fit bâtir en bas un hôpital avec une chapelle, où elle fit mettre les malades qui étaient les plus dignes de compassion.

Encore que l'extrême peine qu'il y avait à descendre et à remonter une montagne si rude, eut pu avec raison rebuter toute autre que Sainte Adile, elle ne laissait pas néanmoins d'aller visiter ces pauvres tous les jours : elle partageait ensuite entr'eux, avec tant de bonté et de douceur, ses charités et ses aumônes, qu'on l'aurait plutôt prise pour une mère qui assistait ses enfants, que pour une princesse qui servait les pauvres.

Enfin cette grande Sainte, que Dieu avait honoré dès ce monde par plusieurs miracles éclatants, étant âgée d'environ cent trois ans, courbée sous le faix des années, plus chargée encore de mérites et de vertus, assurée de plus qu'elle allait incessamment être unie à son Divin Epoux, sentant par la faiblesse de son corps que sa dernière heure approchait, elle assembla toutes ses filles dans la chapelle de Saint Jean dont elle faisait alors son oratoire ordinaire, là, après les avoir averties de ne point s'alarmer de ce qu'elle avait à leur annoncer, elle leur déclara que la fin de sa vie était proche, et que son ame s'envolerait bientôt de la prison de son corps, pour aller jouir de la liberté des enfants de Dieu.

A peine eut-elle achevé, qu'elle entra dans une contemplation profonde, et de là dans une espèce de sommeil extatique, où elle commençait à jouir par avance des plaisirs célestes.

Ses filles la voyant dans cet état, et ne s'apercevant d'aucun signe de vie, crurent qu'elle était morte, et s'abandonnèrent aux larmes : leurs cris et leurs sanglots l'ayant réveillée de son extase, revenue à elle-même : « Pourquoi, leur dit-elle, mes chères filles, êtes-vous venu sitôt m'interrompre.

A peine fut-elle revenue de ce transport extatique, que pour satisfaire à la sainte impatience où elle était de recevoir le Corps et le Sang de son aimable époux, comme ces bonnes dames toutes consternées ne pourvoyaient pas à lui faire apporter, un Ange tout rayonnant de gloire et de lumière (ainsi qu'ont écrit plusieurs auteurs), descendit du Ciel et vint lui présenter un Calice dans lequel était le Corps et le Sang adorable de Jésus-Christ. Sainte Adile ayant pris le Calice se communia elle-même, et ce vaisseau sacré resta entre ses mains en mémoire d'un bienfait si particulier qu'elle avait reçu de la divine bonté; c'est ce qui dans la suite a donné occasion aux peintres et aux sculpteurs de la représenter avec un Calice entre les mains.

La sainte abbesse ayant reçu le gage de la vie éternelle et dit à ses chères filles, d'une voix mourante, le dernier adieu, elle rendit sa bien-heureuse ame au Seigneur; son corps répandit durant huit jours une odeur très agréable, et sa mort n'arrêta point le cours de ses miracles, qui la rendirent plus fameuse que jamais.

C'est ainsi que la très illustre Adile, vierge et abbesse mourut, et sa mort arriva le treizième jour de décembre, environ l'an sept cent soixante de notre Seigneur, sous Pépin, père de Charle-magne. Les ossements sacrés de cette glorieuse princesse reposent dans son abbaye, actuellement occupée par des chanoines réguliers de l'ordre des Prémontrés.

L'histoire de sa vie n'est rapportée ici uniquement, que pour exciter les confrères et consœurs de sa confrérie à s'efforcer de marcher sur ses traces et à profiter autant que leur condition le peut permettre, des exemples de piété qu'elle leur a donnés.

Car envain apprendraient-ils que la vie d'Adile a été une suite de bonnes œuvres, si demeurant des arbres stériles ou ne rapportant que de mauvais fruits, ils devaient être un jour coupés et jetés au feu.

Envain liraient-ils que cette Sainte a porté sur son corps délicat la mortification de Jésus-Christ s'ils continuaient à traiter délicatement leur corps.

Envain leur servirait-il d'admirer la haute estime qu'elle a faite de la virginité, s'ils s'abandonnaient à la corruption de leurs désirs.

Envain approuveraient-ils la tendresse qu'elle a eue pour les pauvres, s'ils étaient toujours insensibles à leurs misères.

Il faut donc, confrères et consœurs, que Sainte Adile, miséricordieuse envers les pauvres, excite en vous des sentiments de compassion et de miséricorde ; que Sainte Adile, toujours unie à Dieu par l'oraison, vous engage à prier, s'il se peut,

sans relâche ; que Sainte Adile vous sollicite effi-
cacement à procurer quelque soulagement tant
aux ames de vos parents qui souffrent peut-être
dans le purgatoire , qu'à celles des fidèles trépassés.

Il faut enfin que Sainte Adile, retirée du monde,
vous apprenne à renoncer, selon la promesse que
vous avez faite en votre baptême , à ses douceurs,
à ses illusions et à ses pompes, à mener, en un
mot, une vie cachée en JÉSUS-CHRIST, pour être
un jour comme elle associés au bonheur et à la
gloire de cet Homme-Dieu.

FIN DE LA VIE DE SAINTE ADILE.

[illegible]
[illegible]
[illegible]
[illegible]

[illegible]
[illegible]
[illegible]
[illegible]
[illegible]
[illegible]
[illegible]
[illegible]

[illegible]

RÈGLE

DE LA CONFRÉRIE DE SAINTE ADILE

Cette confrérie n'a pas d'autres règles que les commandements de Dieu et de son Eglise, dans l'observance desquels les confrères doivent se signaler pardessus les autres. Voici quelques conseils sans obligation à péché :

1. Les confrères et consœurs au jour de l'entrée en la confrérie étant confessés et communiés, ils liront ou écouteront lire l'oraison de la confrérie, à genoux devant l'image de Sainte Adile, la prenant pour patronne en toutes leurs affaires et tachant d'imiter ses vertus.

2. Ils se confesseront et communieront aux principales fêtes de Notre Seigneur et de Notre Dame.

3. Ils réciteront tous les jours, les uns pour les

autres, trois Pater et Ave et trois Gloria Patri, avec un Pater et Ave pour les morts.

4. Ils assisteront le plus souvent qu'ils pourront au saint sacrifice de la messe et au sermon.

5. Se levant au matin, ils se recommanderont à Dieu pour être préservés de tout mal pendant la journée, et offriront à Dieu leurs petits labeurs, et au soir, avant de se coucher, ils demanderont à Dieu pardon avec repentance pour les péchés commis pendant le jour

6. Tous confrères, en leurs prières, auront mémoire du Saint Siège apostolique, de Monseigneur l'Illustrissime Évêque d'Arras, de l'État ecclésiastique et civil, augmentation de notre Sainte Religion et de l'union des Princes Chrétiens.

7. Quand quelque confrère mourra, au son du trépas, les confrères diront un Pater et Ave pour l'ame du défunt, et puis, à leur commodité, un chapelet.

8. La confrérie fera chanter une Messe, le premier lundi de chaque mois, pour le repos des confrères et consœurs trépassés.

INDULGENCES PLÉNIÈRES

Notre Saint-Père le Pape ALEXANDRE VII *a accordé à perpétuité aux confrères et consœurs de Sainte Adile, trois Indulgences plénières et rémission de tous leurs péchés*

LA PREMIÈRE.

Lorsqu'ils se seront enrôlés dans la confrérie, si, vraiment contris et confessés, ils reçoivent le Très-Saint-Sacrement de l'Eucharistie.

LA DEUXIÈME.

Tous les ans, une fois, le dimanche le plus proche du 7 de juillet.

LA TROISIÈME.

A l'article de la mort, si, vraiment repentants, confessés et communiés, ou bien n'ayant pu ce faire, au moins contris, ils invoquent dévotement de bouche, sinon de cœur, les noms de JÉSUS et MARIE.

Outre lesquelles indulgences plénières sa même Sainteté a encore accordé aux Confrères et Consœurs,

QUATRE INDULGENCES

DE 7 ANS ET 7 QUARANTAINES.

Visitant l'Eglise paroissiale de Château-l'Abbaye aux quatre Fêtes principales, savoir : de Pâques, Ascension, Toussaint, Noël.

Idem, 12 Indulgences de 60 jours.

1. Servant ou assistant à la messe ou autres services divins, tant dedans que dehors ladite église.

2. Se trouvant aux assemblées et dévotions de la confrérie.

3. Assistant dévotement aux processions de l'église ou que ce soit.

4. Accompagnant le très-Saint-Sacrement, quand on le porte aux processions ou aux malades, ou, ne pouvant y aller, disant un *Pater* et *Ave* pour le malade au son de la cloche.

5. Etant présent à l'enterrement des confrères et autres.

6. Récitant sept *Pater* et *Ave* pour ceux de la confrérie qui sont trépassés.

7. Reprenant ceux qui font mal et tachant de les ramener à leur devoir.

8. Enseignant les ignorants, le catéchisme ou autres choses nécessaires au salut, ou donnant bon conseil.

9. Tachant de faire la paix entre ceux qui sont en querelles, par eux-mêmes ou par autrui.

10. Donnant quelques aumônes aux pauvres.

11. Recevant, logeant lesdits pauvres ou pélerins en leur maison.

12. Et généralement toutes et quante fois ils exerceront quelque œuvre de miséricorde, tant corporelle que spirituelle, ou quelque acte de vertu, ou de dévotion, gagneront soixante jours de pardon, comme il appert par la Bulle.

INRI

www.ingramcontent.com/pod-product-compliance
Lightning Source LLC
Chambersburg PA
CBHW061445050726
47593CB00004B/1480